严艺家 著
南国虹 绘

化学工业出版社
·北京·

图书在版编目（CIP）数据

有朋友真好/严艺家著；南国虹绘．—北京：化学工业出版社，2021.7（2021.10重印）
（1016成长信箱）
ISBN 978-7-122-38990-9

Ⅰ.①有⋯　Ⅱ.①严⋯②南⋯　Ⅲ.①心理交往-青少年读物　Ⅳ.①C912.11-49

中国版本图书馆CIP数据核字（2021）第072804号

责任编辑：赵玉欣　王　越　　　　　装帧设计：尹琳琳
责任校对：宋　玮

出版发行：化学工业出版社（北京市东城区青年湖南街13号　邮政编码100011）
印　　装：北京新华印刷有限公司
880mm×1230mm　1/32　印张$1\frac{3}{4}$　字数30千字
2021年10月北京第1版第3次印刷

购书咨询：010-64518888　　　售后服务：010-64518899
网　　址：http://www.cip.com.cn
凡购买本书，如有缺损质量问题，本社销售中心负责调换。

定　　价：29.80元　　　　　　　　　　　　版权所有　违者必究

推荐序

青春期是个孤独的旅程。这个时期一个人身体开始发生变化，你开始拥有你不曾拥有的力量、主见、想法。世界在你眼前变得更大，你和家庭、朋友、陌生人之间的关系开始发生变化；你可能第一次想要离开原有家庭和归属，尝试为自我建立新的城堡和疆土。但你尚不知未来将如何展开，大大的世界会有怎样的故事。

我回忆自己的青春期，有很多问题从未有过答案。我知晓家中成年人们企盼我能健康成长，但他们却对于我所面对的困惑一无所知。我常羞于向成年人提问，写属于自己的暗语，有时需要他们，又常常将他们推开。

在我自己的堡垒之中，我慢慢长大。我在过去的十几年中一直在做心理相关的工作。我意识到我在很多场合，反复地告诉家长、孩子和那些忧虑的成年人们：在我们都曾经历的长大之中，我们害怕的、否认的、避而不谈的问题，它们很多都是我们青少年发展过程中的必经之路。

很多"问题",它们是"正常"的。只有当我们不谈论它们、否认它们、害怕它们的时候,它们才要用更强烈的声音和"症状表达",来提醒我们去面对。

艺家是我多年的好朋友,也是非常出色的心理咨询师。她做了这件非常了不起的事情。她用简单的语言,一个一个问题去谈论。谈论我们每个人内在的孤独感、难以融入的集体、外在的评价、他人的眼光、和家庭的关系变化,以及正在形成的自我。

她举重若轻,用漫画来承载这些重要的问题。1016 创造了一个支持性的空间,当你提问,它们都被回答——即便有时回答并非易事。

祝你能从书中找到自己的答案。

简单心理 APP 创始人、CEO

前言

一年多前，快 10 岁的女儿突然开始对我的工作感兴趣，好奇地询问各种与情绪、心理相关的问题，很想搞明白形形色色的校园生活经历背后有没有什么心理学原理。后来我们逛书店时想找相关题材的书，却发现并没有特别合适的：书店里的心理学读物虽然不少，但绝大多数针对的是成人读者；谈及小学生、初中生心理与情绪的书籍，又大多是写给父母们看的。想到女儿平时喜欢看各种校园生活题材的漫画，一个点子就这么出现了：我要做一套专门给 10 到 16 岁孩子们看的心理学科普漫画，用他们觉得有趣的方式，帮助他们更多了解自己的心理世界在经历着什么。

《1016 成长信箱》就这么应运而生，含义很简单：这个信箱专收 10 到 16 岁孩子们的来信。之所以从 10 岁开始，是因为根据最前沿的发展心理学观点，人类青春期开始的年纪已经提前到 10 岁左右，而伴随着青春期剧烈的身心变化，许多对自我心灵世界的好奇也始于此。虽然青春期会延续到

25岁左右才会结束，但相比青春期下半场而言，10到16岁的孩子们更像是稚气未脱的小大人，他们在这个阶段所经历的内心困惑与冲突是鲜明而独特的。

　　《1016成长信箱》的主人公阿奇是个温和内向的小女孩，乍看上去，她并没有什么引人注目的地方，和很多10到16岁的孩子们一样，她规律地上学放学，有时会抱怨作业太多考试太难，有自己的朋友与偶像，有一只猫，大部分时候过着平静的家庭生活，偶尔会和爸妈有些矛盾。无论小读者们是男生还是女生，或多或少都能在阿奇与周围同学的故事中看到自己的影子。因为1016成长信箱的存在，阿奇有了一个倾诉的树洞与可信赖的朋友，许多校园与家庭生活中的故事在一封封信件中得以呈现与解读。在十余年心理咨询工作的基础上，我将这些故事分为了五个大主题——社交、学习、身体与性别、家庭关系以及心理健康，并由此形成了五本漫画书，读者既可以选择全套阅读，也可以根据兴趣选择单本阅读。

　　1016成长信箱的那头到底是谁在回信呢？这个谜底也许会在未来某天揭晓，很欢迎小读者们和阿奇一样写信给1016成长信箱，1016君一定会很开心收到你们的来信的！

　　创作这套漫画的时候，经常会回忆起自己十三四岁时的某个场景——我坐在夕阳西下的教室里望向窗外的大草坪，那里有一支垒球队正在训练，不知怎的，那一刻心里油然而生一句感叹：活着真好呀，人类真有趣。

心理咨询师　夏长家

尬极了的开学第一天
一到新集体就"自闭"的我　　**/ 001**

说"不"困难症
为什么我总是当"老好人"？　　**/ 007**

"不想和你做朋友了！"
为什么小伙伴喜欢搞小圈子？　　**/ 011**

"大家在盯着我看吗？"
为什么总觉得有人在议论我？　　**/ 015**

"怂包才会欺负人"
为什么校园里会有霸凌？　　**/ 019**

"好想谈恋爱"
如何度过想谈恋爱但没对象的年纪？　　**/ 023**

目录

 "我好像不是我了" **/ 027**
为什么一追星就像变了个人？

 虚拟世界也可能会受伤 **/ 031**
遭遇网络暴力怎么办？

 "要为朋友两肋插刀吗？" **/ 035**
健康的关系长啥样？

 "老师也是人" **/ 039**
平常心面对老师的局限

致谢 **/ 043**

尬极了的开学第一天
一到新集体就"自闭"的我

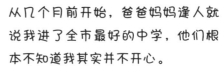

我是阿奇，下个礼拜就要过自己的12岁生日了，可最近有点烦恼。

从几个月前开始，爸爸妈妈逢人就说我进了全市最好的中学，他们根本不知道我其实并不开心。

我想念以前的学校，想念熟悉的老师和朋友们。

新学校是很好，但……

……听说学习压力也超级大，不知道会有怎样的生活等着我。

人脸对于大脑来说是个巨大的刺激源,毕竟人脸能承载的信息太多了。

阿奇你好,
刚认识你的我,也会有一点"尬"。不过好歹我们不需要看到彼此的脸。

如果把我们的大脑比作一台电脑,在陌生场合感受到的"尬"……

……就仿佛是同时输入太多信息出现的程序过载,甚至会有"死机"的感觉。

感受到"尬"的时候,我们会不自觉把头扭开,回避和别人的目光对视,假装玩手机……

这些都仿佛是在关掉一些多余的程序,让自己的内存恢复正常水平。

有一个小秘诀可以和你分享。

在开学第一天感觉到尬的人不止你一个，如果你看到周围有人也和你一样看起来有点紧张，试着认识一下对方吧！

说不定你们会成为彼此的救命稻草，甚至会告诉对方……

此刻好尬，我们能不能假装在和彼此说话。

哎，很多人错觉外向健谈才是人类交流的唯一途径，但其实内向社交宅们也有各种方式与世界相连呢。

搓手

关爱内向儿童，人人有责，如果我们能在开学日遇见，我一定会站在你身边的。

重要的是，你就是你，你不用假装成受欢迎的样子，那样更有可能遇到相处在一起很舒服的人哟。

想到开学就头大的1016君   喵~

说"不"困难症
为什么我总是当"老好人"？

开学1个多月了,我习惯了新的学校,也交到了新的朋友。

虽然还是经常会担心"尬",但真的像1016君说的那样,其实有很多人和我一样。

不过我也有些新烦恼。

小组作业你来打印吧!

你的笔真好看,借我用几天!

午休一起去操场走走嘛,别去图书馆了!

陪我去个厕所呗!

那……好吧。

我总是笑眯眯说"好的",但其实并不想。我害怕自己如果拒绝了对方,别人会不高兴。可别人高兴了,我自己却并不开心。

你好啊1016,

谢谢上次的回信,想知道你是个"老好人"吗?如何才能拒绝别人但又不让别人讨厌我呢?

并不想什么事情都答应下来的阿奇

阿奇你好，
那么快回复，并不因为我是个"老好人"，回信本身是我乐意做的事情。

面对同一件事或同一句话，每个人都会有不同反应。比如小时候犯错时，有的大人会选择原谅或一笑置之，有的大人则会气到不行。

如果大人不断告诉你，一些做法或表达会令他们很不开心，慢慢地，你会产生自己能够"主宰和控制"他人情感的错觉。因为在乎他们，你会习惯于顺服；顺服也意味着可以得到他人持续的爱。但那个想说"不"的你没法被看到听到，也自然没法得到尊重。

乖，我们喜欢你。

想想有没有过别人对你说了"不"，但你们依旧关系很好的体验？为什么你们的关系没有因为说了"不"而完蛋呢？对方说了"不"之后，有哪些表达让你感觉舒服？

我也许有点太啰唆了，即使你不想再听，我也不会生气，有需要的时候，可以再写信给我哦。

说"不"也不会杀死别人的 1016 君

你的笔真好看，借我用几天。

不要，我超爱这支笔的。你也喜欢的话，我把网店链接给你吧。

"不想和你做朋友了!"
为什么小伙伴喜欢搞小圈子?

阿奇你好,
朋友之间戏太多真的很累,不是吗?那么累为什么大家却那么乐此不疲呢?

可能你早就忘记了十几年前的自己还是个什么话都不会讲的小婴儿,从当时到现在,你不仅学会了讲话,更学会了用语言去表达越来越复杂的含义。

到了你这个年龄，很多人开始用语言去表达更细致的情感，也开始意识到语言有很大的威力。

面对这两种陌生而重要的感觉，无伤大雅地搞搞小团体就像是一种"练习"，目的是准备好将来进入社会面对更复杂的人际关系。

就把这种练习当成一种游戏吧！

想加戏都已经没人陪着练习的 1016 君

"大家在盯着我看吗?"
为什么总觉得有人在议论我?

你好啊阿奇,

你可能不知道的是,仙女也会担心别人议论自己。

很多人长到十几岁的时候,会既希望自己成为完美的、万众瞩目的焦点……

……也会经常担心自己的不完美会被人在背后议论。

人类大脑的皮质中线结构在十几岁时特别活跃,这会让十几岁的人格外在意自己在别人眼中的样子,

也总觉得自己像是站在舞台中央,被很多人盯着。

其实在乎你痘痘的人可能没有你大脑让你感觉到的那么多。

想让痘痘快点消除的话,一定不要摸或者抠,痘痘贴有时可以让痘痘更快愈合哟!

已经长不出痘痘的 1016 君

"怂包才会欺负人"
为什么校园里会有霸凌?

你好啊阿奇，

大象是不会去霸凌一只蚂蚁的。

霸凌者自己经常是有被暴力对待的体验的，这对他们来说痛苦又羞耻。

因为无法承受觉得自己很差的感受，所以就要把这些带来痛苦的部分"扔"给别人，然后通过攻击对方来感受自己很"厉害"，否认自己身上有这些部分。

被霸凌的人越是无力反抗，霸凌者就越是会变本加厉打压那些令他们感受到脆弱无助的部分。

也许你一个人无法对抗霸凌者，但一群人一定可以。纸老虎们也许可以吓到一个人，但无法吓到一群人。

觉得每个人都有可能是神奇女侠的 1016 君

"好想谈恋爱"
如何度过想谈恋爱但没对象的年纪？

阿奇你好啊,

想要谈恋爱真是件美好的事情。

……一个人对父母之外的爱有向往才会想要谈恋爱。

小宝宝是不会想谈恋爱的……

不过恋爱可不像学习，光努力是不行的，经常需要一些时机与运气。

在"那个人"没出现前，有很多方式可以体验"爱"。

最重要的是，无论有没有谈恋爱，你永远可以选择爱自己，把自己当作一个恋爱对象那样去了解和宠爱，这本身就是件浪漫的事情。

终身浪漫的 1016 君

"我好像不是我了"
为什么一追星就像变了个人?

你好啊阿奇，
欢迎开启有爱豆 (idol) 的人生！

哇他们唱歌跳舞太有型了，衣服也好好看！

爱豆身上有一些我们没有的东西，他们似乎实现了各种愿望。

他们也好喜欢小动物，好有爱心啊！

爱豆身上也有一些我们有的东西，让人体验到希望。

要持续为爱发电，就要有好的体力与实力，爱豆也会希望看到自己的粉丝们健康生活。你说呢？

依旧在为爱豆发电的 1016 君

虚拟世界也可能会受伤
遭遇网络暴力怎么办?

看着自己变成不同的样子真好玩呀!

哇!今天怎么有那么多评论呀!

评论 10　赞 5

○ 长这么丑还敢 po
○ 你妈生你的时候开小差了吧
○ 下次录的时候在鼻孔里插两根葱吧

好难过,我真的有那么丑吗?他们为什么要这样对我?

1016 你好,

　　我今天不太好,为什么网络上的人那么不友好?好几个陌生人说我难看,真的好难过。

　　　　　　　　又气又难过的阿奇

你可以暂且理解为，他们只有通过在网络上欺负别人，才能让别人感受到他们心里那些绝望的感觉……

……就像你体验到的那样。

理解他们的所作所为并不代表你要接受或原谅那些糟糕的事情，我支持你给他们点颜色看看！

觉得有战斗力的女孩超可爱的 1016 君

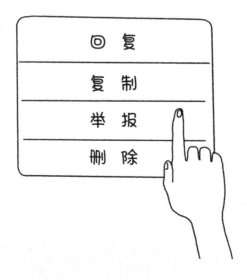

"要为朋友两肋插刀吗?"
健康的关系长啥样?

你好啊阿奇,

当然有过,也一定有过担心会因此失去一些朋友的时候呢。

健康的关系首先是"平等"的关系。

平等是指,在这些关系里你可以尊重自己的感受、表达自己的选择,而不用担心被别人评判或指责。

今晚我们去吃西餐吧。

今天我更想吃日料呢。

那我们各自叫一个外卖在家里一起吃吧!

好!

"不情愿"或"被羞辱"的感觉是不会出现在健康的关系里的。

世界很大,人生很短,要花时间和舒服的人在一起哟!

你看不见的朋友,1016 君

"老师也是人"
平常心面对老师的局限

你好啊阿奇,
课业压力本来就大,再遇到不那么喜欢的老师,也真是辛苦你了呢。

如果有魔法,我会希望把世上所有老师都变得有趣又亲切……

……但很遗憾,这只是个美好的愿望。

大部分老师也许都尽力了,但每个人见识过的东西都是有局限性的。

20 年前

老师也是。

老师没意思并不等于学科不好玩，你可以选择更有趣的方式，达成想要的目标哟！

深信"有趣就是竞争力"的 1016 君

致谢

　　《1016成长信箱》的诞生是许多人为爱发电的结果，在此想特别感谢勤勉敬业的插画师南国虹老师，她生动丰富的创作让阿奇和她的小伙伴们有机会与世人对话；感谢这套书的责任编辑，她们使得我灵光一闪的点子变成了捧在手上的现实；感谢孩子们对心理学和了解自己的好奇心，让我有了创造一套科普漫画书的动力；感谢心理咨询来访者们在工作中分享的青少年心路历程，不少故事灵感来源于那些真诚勇敢的讲述。谢谢我自己，夜深人静创作时，我能感受到许多爱与支持就在那里。

致正在看这本漫画的你

　　Hi，越来越觉得人类世界好复杂对不对，但其实复杂的人类世界背后又有极其简单的逻辑：每个人都需要"关系"才能生存与生活，就像每个人都需要空气、水与食物一样……嗯，朋友就是养分，虽然每个人需要的养分数量与种类可能很不一样。愿生活里各种各样的关系最终都能滋养到你！:)

　　　　　　　　　　　希望能成为你一小部分养分的1016君
　　p.s.想写信的话，可以发到这个地址哟：1016@cip.com.cn